Les raies

Rebecca Sjonger et Bobbie Kalman

Traduction : Marie-Josée Brière

Les raies est la traduction de *Skates and Rays* de Rebecca Sjonger et Bobbie Kalman (ISBN 0-7787-1325-3) ©2006, Crabtree Publishing Company, 612, Welland Ave., St.Catharines, Ontario, Canada L2M 5V6

Catalogage avant publication de Bibliothèque et Archives nationales du Québec et Bibliothèque et Archives Canada

Sjonger, Rebecca

    Les raies

    (Petit monde vivant)
    Traduction de : Skates and rays.
    Pour enfants de 6 à 10 ans.

    ISBN 978-2-89579-227-7

1. Rajidés - Ouvrages pour la jeunesse. 2. Raies (Poissons) - Ouvrages pour la jeunesse. I. Kalman, Bobbie, 1947- . II. Titre. III. Collection: Kalman, Bobbie, 1947- . Petit monde vivant.

QL638.8.S4614 2009   j597.3'5   C2008-942551-0

Recherche de photos
Crystal Foxton

Conseillère
Patricia Loesche, Ph. D., Programme de comportement animal, Département de psychologie, Université de Washington

Illustrations
Barbara Bedell : pages 5 (ange de mer) et 26-27 (requin et crevettes)
Katherine Kantor : pages 4 et 5 (raie), Cori Marvin : page 5 (raie)
Bonna Rouse : pages 5 (grenadier et guitare de mer), 6, 7, 11, 20 (maquereaux), 26-27 (pastenague et raie biocellée) et 29
Margaret Amy Salter : pages 20 (crabe et vers marins), 26-27 (sauf pastenague, requin, crevettes et raie biocellée)

Photos
Bobbie Kalman : page 3
© Georgette Douwma/naturepl. com : page couverture
Jeffery Rotman Photography : Jeff Rotman : page 19
SeaPics. com : Shedd Aquar/Ceisel : page 10 ; Shedd Aquar/Lines J.-R. : page 8 (en haut) ; Johatan Bird : page 18 ; Jeff Jaskolski : page 20 ; Andrew J. Martinez : page 15 ; Jeff Rotman : pages 9 (en bas), 16 (en haut) et 21 (en haut) ; Mark Strickland : page 13 ; Lin Sutherland : page 23
Autres images : Corel, Digital Vision et Digital Stock

Nous reconnaissons l'aide financière du gouvernement du Canada par l'entremise du
Programme d'aide au développement de l'industrie de l'édition (PADIÉ) pour nos activités d'édition.

 Conseil des Arts   Canada Council
du Canada   for the Arts

Bayard Canada Livres Inc. remercie le Conseil des Arts du Canada du soutien accordé à son programme d'édition dans le cadre du Programme des subventions globales aux éditeurs.

Cet ouvrage a été publié avec le soutien de la SODEC.
Gouvernement du Québec – Programme de crédit d'impôt
pour l'édition de livres – Gestion SODEC.

Dépôt légal – 1ᵉ trimestre 2009
Bibliothèque nationale du Québec
Bibliothèque nationale du Canada

Direction : Andrée-Anne Gratton
Graphisme : Mardigrafe
Traduction : Marie-Josée Brière
Révision : Johanne Champagne

© Bayard Canada Livres inc., 2009
4475, rue Frontenac
Montréal (Québec)
Canada H2H 2S2
Téléphone : (514) 844-2111 ou 1 866 844-2111
Télécopieur : (514) 278-3030
Courriel : edition@bayard-inc.com
Site Internet : www.bayardlivres.ca

Imprimé au Canada
Fiches d'activités disponibles sur www.bayardlivres.ca

Table des matières

Qu'est-ce qu'une raie ? 4

Des espèces spectaculaires 6

Partout dans le monde 8

Le corps des raies 10

Dans l'eau 12

Des sens aiguisés 14

De bons moyens de défense 16

Les raies ovipares 18

Les raies ovovivipares 19

Les habitudes alimentaires 20

La recherche de nourriture 22

Des écosystèmes équilibrés 24

Un réseau alimentaire 26

Des poissons en danger 28

Les raies et toi 30

Glossaire et index 32

Qu'est-ce qu'une raie ?

Les raies sont des poissons. Ce sont des vertébrés, ce qui veut dire qu'elles ont une colonne vertébrale. Comme tous les poissons, les raies respirent en tirant l'**oxygène** de l'eau grâce à leurs branchies. La plupart des poissons, y compris les raies, sont des animaux à sang froid. La température de leur corps varie selon la température qu'il fait autour d'eux.

Les raies, comme cette pastenague à points bleus, ont le corps plat. C'est ce qui les distingue des autres poissons au premier coup d'œil.

Des poissons cartilagineux

Les raies appartiennent à un groupe de poissons qu'on appelle « cartilagineux », parce que leur squelette est fait de cartilage. Le cartilage est une matière solide, mais flexible, plus légère que les os. Tes oreilles, par exemple, sont faites de cartilage. Les grenadiers, les guitares de mer, les requins, les chimères et les poissons-scies sont aussi des poissons cartilagineux. Les raies sont de proches parentes des poissons-scies, des guitares de mer et des requins.

grenadier

Les grenadiers ont une forme plus longue et plus étroite que les raies.

raie pastenague

raie pocheteau

guitare de mer

ange de mer

Les raies ressemblent aux guitares de mer, aux poissons-scies et aux requins.

Quelques types de requins, par exemple les anges de mer, ont une forme aplatie qui ressemble à celle des raies.

Des espèces spectaculaires

Il y a des centaines d'espèces connues de raies, mais les scientifiques croient qu'il en reste encore beaucoup à découvrir. La taille, la forme et la coloration de ces diverses espèces sont très variées, comme tu peux le voir sur ces pages.

Le pocheteau long-nez a un long museau pointu.

La raie électrique ocellée porte sur le dos un motif qui ressemble à un gros œil.

pastenague américaine

Les pastenagues et les torpilles sont bien connues parce qu'elles peuvent être dangereuses ! Va voir à la page 16 pour savoir comment ces poissons se défendent.

petite torpille

La raie biocellée est la plus grande des raies vivant dans les eaux d'Amérique du Nord. Elle peut atteindre 2,4 mètres de longueur et peser plus de 90 kilos.

La raie manta est la plus grande raie au monde. Elle peut mesurer plus de 7,5 mètres de largeur et peser plus de 1 360 kilos !

Partout dans le monde

*La raie à aiguillon commune vit en eau douce, dans les rivières chaudes de la **forêt pluviale** d'Amazonie.*

Les raies ont différents habitats. Un habitat, c'est l'endroit où un animal se retrouve dans la nature. La plupart des raies vivent dans l'océan, où l'eau est salée. D'autres préfèrent toutefois l'eau douce des lacs et des rivières.

Il y a aussi des espèces qui vivent dans des estuaires, là où un fleuve s'élargit avant de rejoindre un océan. Dans les estuaires, l'eau douce se mélange à l'eau salée. La plupart des espèces de raies vivent dans des habitats où l'eau est chaude, mais on en trouve dans toutes les mers du monde, même dans les régions **polaires**, où l'eau est très froide.

Des profondeurs différentes

Selon les espèces, les raies vivent dans des eaux de profondeurs différentes. La plupart sont des poissons de fond. Elles restent au fond de l'eau, souvent dans des endroits où le sol est sablonneux ou boueux. On en trouve même à plus de 3 000 mètres sous la surface de l'eau! D'autres raies préfèrent nager dans des eaux peu profondes, près de la surface. Beaucoup vont toutefois se nourrir à d'autres profondeurs.

La raie bouclée est un poisson de fond.

Près ou loin du rivage ?

Les raies qui vivent dans l'océan restent parfois à proximité du rivage, par exemple près des **récifs coralliens** ou des endroits où il pousse beaucoup d'algues géantes appelées « kelp ». D'autres vivent plutôt en haute mer, loin des côtes. Certains types de raies se déplacent à des profondeurs variables, mais d'autres restent toujours au fond de l'eau.

Des animaux solitaires

Certaines raies sont solitaires, c'est-à-dire qu'elles vivent toutes seules. Les poissons solitaires, comme les requins et les raies, recherchent d'autres animaux de leur espèce uniquement pour **s'accoupler**.

Des groupes nombreux

D'autres raies vivent en groupes appelés « bancs ». Même celles qui sont habituellement solitaires se rassemblent parfois en bancs quand la nourriture est abondante. Les raies aigles de Californie, par exemple, vivent généralement seules, mais on en a déjà vu des milliers ensemble dans des endroits où il y avait beaucoup à manger.

Les raies mantas nagent à différentes profondeurs en haute mer. Elles passent plus de temps en déplacement que les espèces de fond.

Les mourines américaines vivent en bancs.

Le corps des raies

Le corps des raies a beaucoup de points communs avec celui des autres poissons. Par exemple, quelle que soit l'espèce, toutes les raies ont des yeux, une bouche, des branchies, des nageoires et une queue. Elles se distinguent toutefois des autres poissons par leur corps large et plat, en forme de disque, qui facilite leurs déplacements dans l'eau. On voit sur ces deux pages le dessus et le dessous du corps de deux différents types de raies.

Le dessus du corps

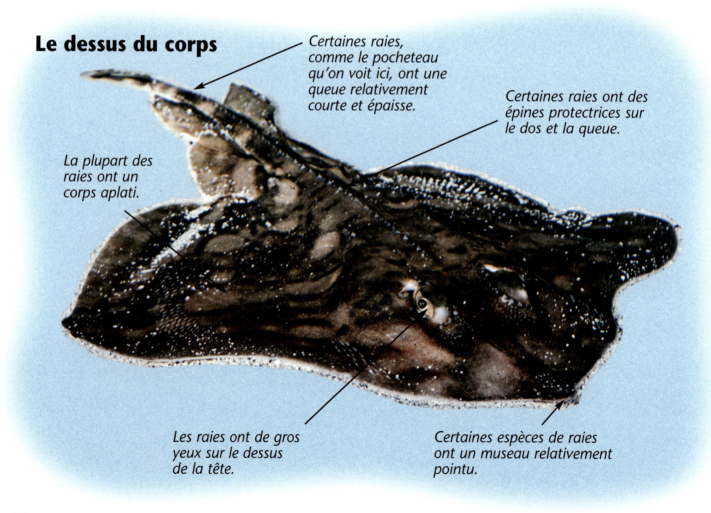

Certaines raies, comme le pocheteau qu'on voit ici, ont une queue relativement courte et épaisse.

Certaines raies ont des épines protectrices sur le dos et la queue.

La plupart des raies ont un corps aplati.

Les raies ont de gros yeux sur le dessus de la tête.

Certaines espèces de raies ont un museau relativement pointu.

10

Respirer au fond de l'eau

Les raies respirent en prenant de l'oxygène dans l'eau. Elles aspirent d'abord de l'eau dans leurs spiracles, des trous situés derrière leurs yeux. Cette eau passe ensuite dans leurs branchies, qui retiennent l'oxygène contenu dans l'eau et l'envoient dans le sang de l'animal. Les raies expulsent ensuite l'eau par les fentes branchiales situées sous leur disque.

spiracle de pastenague

Le dessous du corps

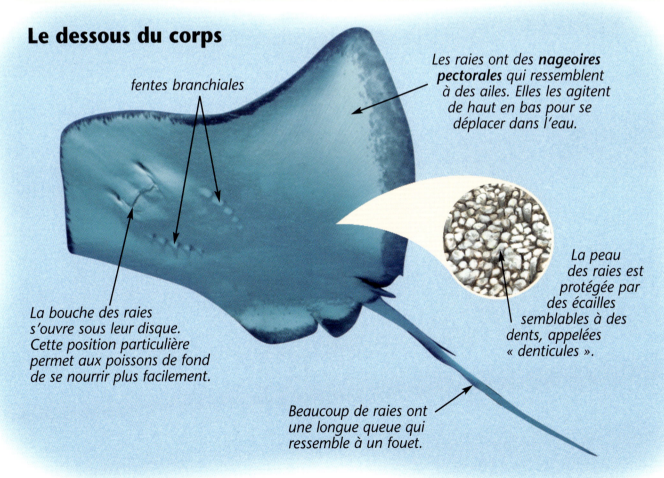

fentes branchiales

*Les raies ont des **nageoires pectorales** qui ressemblent à des ailes. Elles les agitent de haut en bas pour se déplacer dans l'eau.*

La bouche des raies s'ouvre sous leur disque. Cette position particulière permet aux poissons de fond de se nourrir plus facilement.

La peau des raies est protégée par des écailles semblables à des dents, appelées « denticules ».

Beaucoup de raies ont une longue queue qui ressemble à un fouet.

Dans l'eau

Les raies sont d'excellentes nageuses. Elles avancent dans l'eau en agitant leurs grandes nageoires pectorales de haut en bas, exactement comme des oiseaux qui battent des ailes. Elles ne coulent pas au fond de l'eau parce qu'elles possèdent un gros **organe** rempli d'huile ; c'est leur foie. Comme l'huile est plus légère que l'eau, ces poissons ne sont pas lourds. C'est ce qui leur permet de flotter.

Une petite marche

La plupart des poissons se déplacent en nageant, mais certaines raies qui vivent au fond de l'eau peuvent « marcher » ! Elles se déplacent sur le plancher de l'océan à l'aide de petites structures appelées « cruras ». On dirait de minuscules pattes rattachées à leurs **nageoires pelviennes**. Les raies se servent de leurs cruras pour se soulever du fond et se propulser vers l'avant. Elles glissent sur une certaine distance avant de se poser de nouveau et elles se donnent ensuite une autre poussée pour poursuivre leur progression.

Les raies flottent aussi en agitant leurs nageoires pectorales.

On dirait que les raies volent dans l'eau quand elles nagent. Ces pastenagues américaines se déplacent en agitant leurs immenses nageoires pectorales.

Des sens aiguisés

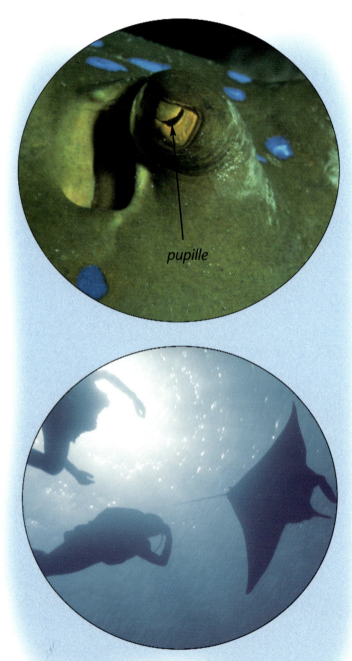

pupille

Grâce à ses lignes latérales, la raie manta sent les vibrations que les mouvements de ces plongeurs produisent dans l'eau.

Les raies ont plusieurs moyens de percevoir leur environnement. Elles ont notamment une bonne vue, ce qui leur est particulièrement utile. Comme elles ont les yeux sur le dessus de la tête, elles peuvent voir facilement les poissons et les autres animaux qui se trouvent au-dessus d'elles et tout autour. Elles ont aussi des **pupilles** étroites, ce qui leur permet de distinguer clairement les mouvements des autres animaux. Les raies n'ont pas de paupières, mais leurs yeux sont recouverts de couches de **tissus** qui filtrent l'éclat des rayons du soleil scintillant dans l'eau.

De bonnes vibrations

Les raies ont aussi des lignes latérales qui les aident à sentir ce qui se trouve autour d'elles. Ce sont des rangées de tubes remplis de liquide, situées sur le dessous de leur corps. Quand un autre animal – ou un humain – nage près d'elles, ses mouvements produisent dans l'eau de minuscules ondes qu'on appelle des « vibrations ». Les raies sentent ces vibrations grâce à leurs lignes latérales et peuvent ainsi savoir qu'il y a une créature vivante à proximité.

Électrisant!

Tous les organismes vivants émettent une faible charge électrique. Les raies ont dans la tête des organes appelés « ampoules de Lorenzini », qui détectent les charges électriques produites par les autres créatures vivantes de l'océan. Des études ont démontré que certaines espèces de raies étaient particulièrement sensibles aux charges émises par leurs prédateurs. Les prédateurs, ce sont des animaux qui en chassent d'autres pour se nourrir. Les ampoules de Lorenzini aident aussi les raies à trouver les proies dont elles se nourrissent.

Des décharges électriques

Certaines espèces de raies sont capables non seulement de détecter les charges électriques, mais aussi d'en produire. La raie tachetée qu'on voit ci-dessous, par exemple, envoie des décharges électriques inoffensives à l'aide d'organes situés de chaque côté de sa queue. Ces décharges permettent aux autres raies d'identifier l'espèce ou le sexe de la raie qui les a produites. Les torpilles, quant à elles, aussi appelées « raies électriques », peuvent produire des décharges électriques dangereuses pour se protéger des autres animaux. Tu trouveras à la page 16 plus d'informations sur les moyens de défense de ces raies.

De bons moyens de défense

Comme la plupart des raies se déplacent lentement, elles risquent de se faire manger par des prédateurs plus rapides. Leur corps est donc fait de manière à décourager les prédateurs de s'approcher d'elles. Pour se protéger, elles peuvent avoir par exemple de petits crochets sur le dos ou sur le pourtour de leur disque, ou encore des épines acérées le long de leur dos ou de leur queue. Les épines de certaines raies sont particulièrement dangereuses. Ainsi, les pastenagues, les raies aigles de Californie et les aigles de mer ont une ou plusieurs épines contenant du poison.

épine sur la queue d'une raie

Des armes dangereuses

Le disque des raies électriques contient deux organes qui produisent de puissants chocs électriques. C'est ainsi qu'elles se protègent des prédateurs. Quand une raie perçoit un danger, elle crée vite une charge électrique qui entoure son corps. Comme les raies électriques sont très dangereuses, très peu d'animaux s'attaquent à elles ! La torpille noire, qu'on voit à droite, est une raie électrique.

Le camouflage

La plupart des raies peuvent se cacher dans leur environnement naturel grâce aux motifs particuliers de leur disque. C'est ce qu'on appelle « se camoufler ». Chez les espèces de fond, c'est la face supérieure du disque qui porte des motifs de camouflage. Cette face est souvent d'une teinte brun pâle, semblable à du sable, et parfois marquée de taches qui se confondent avec les pierres au fond de l'eau. Un prédateur qui nage au-dessus d'une raie ainsi camouflée ne peut pas la distinguer du plancher de l'océan. Les raies de fond n'ont pas besoin de camouflage sous leur disque puisque les prédateurs les voient uniquement d'en haut.

Cette pastenague à points bleus a des taches qui ressemblent aux pierres au fond de l'océan.

Des couleurs contrastées

Les raies qui nagent près de la surface doivent toutefois camoufler les deux faces de leur disque. C'est pourquoi elles ont souvent le dos sombre et le ventre clair. Quand un prédateur circule au-dessus d'une de ces raies, il ne la distingue pas clairement parce que son dos sombre ne se détache pas très bien sur les profondeurs obscures de l'océan. Et, s'il se trouve au-dessous d'elle, il ne la voit pas nécessairement non plus parce que son ventre pâle se confond avec les eaux de la surface, illuminées par le soleil.

Cette pastenague américaine présente des couleurs contrastées.

Les raies ovipares

Une fois adultes, les raies peuvent s'accoupler pour faire des bébés. Leur façon de se reproduire varie selon les espèces : certaines sont **ovipares** et d'autres sont **ovovivipares**. Après l'accouplement (au moins une fois par année), les femelles des espèces ovipares pondent des capsules plates et rectangulaires qui contiennent chacune un œuf. La plupart des femelles pondent au moins deux de ces capsules en même temps. Dans certains cas, ces capsules sont pourvues de cornes grâce auxquelles elles s'accrochent aux plantes sous-marines.

La naissance

Selon les espèces, les bébés se développent à l'intérieur de la capsule pendant deux à dix-huit mois. C'est la gestation. Chaque capsule contient un **jaune** ; le bébé s'en nourrit et grossit jusqu'à ce qu'il soit prêt à éclore. La petite raie qu'on voit ci-dessus est en train de sortir de sa capsule. Elle ressemblera à un adulte en miniature et sera capable de subvenir à ses besoins tout de suite après l'éclosion.

Les raies ovovivipares

Les bébés des espèces ovovivipares se développent différemment. Après l'accouplement, les femelles de ces espèces ne pondent pas de capsules d'œufs. Elles gardent plutôt leurs œufs à l'intérieur de leur corps. Les bébés y sont bien à l'abri des prédateurs. Le nombre d'œufs que portent les femelles varie selon les espèces, tout comme la durée de la gestation. Plus la femelle est grosse, plus la gestation est longue.

La queue en premier

Quand le bébé a fini de se développer, il sort de son œuf. Il est ensuite expulsé du corps de sa mère la queue en premier, comme on le voit ci-dessus. Les parties de son corps qui pourraient blesser sa mère, par exemple ses épines pointues, sont généralement couvertes de chair. Le bébé raie pourra se débrouiller seul immédiatement. Il devra trouver lui-même à se nourrir et éviter les prédateurs.

Les habitudes alimentaires

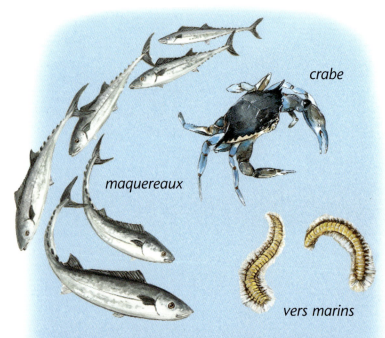

maquereaux
crabe
vers marins

La plupart des raies sont carnivores, ce qui veut dire qu'elles se nourrissent d'autres animaux. Ces animaux varient selon les espèces, mais il s'agit la plupart du temps de poissons, de **crustacés** et de vers marins.

Des menus différents

Les raies mangent ce qu'elles peuvent trouver dans leur habitat. Par exemple, celles qui vivent dans les profondeurs de l'océan sont entourées de nombreuses espèces de **mollusques**. Celles qui restent dans les eaux peu profondes, près des côtes, chassent surtout des crustacés, tandis que celles qui se tiennent en haute mer mangent des aliments qui flottent dans l'eau. Elles se nourrissent par exemple de plancton, fait de plantes et d'animaux **microscopiques**.

Cette pastenague américaine a emprisonné un poisson sous son disque.

À belles dents

Beaucoup de raies ont des dents rondes, faites d'une matière dure semblable à celle des os. Elles se servent de ces dents pour broyer la coquille ou la carapace de leurs proies, par exemple des palourdes et des crabes. Elles peuvent ensuite manger le corps mou de l'animal qui se trouve à l'intérieur.

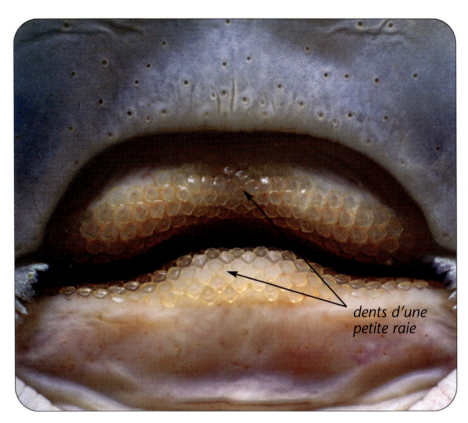

dents d'une petite raie

Des repas microscopiques

Quelques types de raies, par exemple les raies mantas, ont une bouche qui ressemble à un filtre. On dit que ce sont des poissons filtreurs. Pour se nourrir, ces raies nagent la bouche ouverte et filtrent l'eau pour en tirer leurs aliments. La raie manta, qui mange surtout du plancton, se sert des cornes qu'elle a sur la tête pour pousser de l'eau remplie de nourriture vers sa bouche, comme on le voit à droite. Elle filtre cette eau pour garder uniquement le plancton qui s'y trouve et expulse ensuite l'eau filtrée par ses branchies.

branchies

cornes

La recherche de nourriture

Les différentes espèces de raies ont des tactiques différentes pour attraper leurs proies. Par exemple, certaines espèces de fond se nourrissent de proies enfouies dans le sable ou la boue. Elles soufflent dans l'eau pour déplacer ce sable ou cette boue, et font apparaître ainsi les animaux qui y sont cachés. Une fois que les raies ont dégagé une proie, elles se pressent sur elle, puis se soulèvent rapidement. Ce mouvement crée une succion qui déloge la proie de sa cachette. Elles peuvent alors l'aspirer jusqu'à leur bouche et la manger.

À l'affût

D'autres espèces de fond chassent en restant immobiles. Leur peau est bien camouflée, souvent de la même couleur ou du même motif que le sable ou la boue de leur habitat. Si elles ne bougent pas, les animaux dont elles se nourrissent ne les remarquent pas facilement. Sans se méfier, ils nagent tout près d'elles… et alors, il est trop tard ! Les raies affamées emprisonnent leurs proies sous leur disque pour les manger.

Cette pastenague américaine s'est dissimulée sous une couche de sable. Quand une proie s'approchera, la raie se jettera sur elle.

Drôles de culbutes

Les raies mantas, elles, font des culbutes pour s'alimenter! Quand elles trouvent une source de nourriture, par exemple une grappe de plancton flottant dans l'océan, elles nagent au travers en virevoltant lentement. En déplaçant l'eau de cette façon, elles créent une succion qui attire le plancton vers elles. Comme ce sont des poissons filtreurs, ces raies n'ont plus qu'à pousser cette nourriture vers leur bouche ouverte avec leurs cornes.

Quel choc!

Les raies électriques se servent parfois des parties de leur corps qui produisent de l'électricité pour attraper des proies. Quand un poisson s'approche, par exemple un flétan ou un saumon, elles lui donnent vite un choc électrique et le portent ensuite à leur bouche. Certaines raies électriques produisent un choc suffisamment fort pour briser la colonne vertébrale de leurs proies!

La raie manta qu'on voit ci-dessus nage en virevoltant à travers le plancton.

Des écosystèmes équilibrés

Les raies appartiennent à des communautés d'organismes vivants qui sont reliés non seulement les uns aux autres, mais aussi à l'environnement dans lequel ils vivent. On appelle ces communautés des « écosystèmes ». Chaque écosystème se compose de plantes, d'animaux et d'objets naturels inanimés. On trouve des raies dans différents écosystèmes, par exemple des récifs coralliens, des estuaires et beaucoup d'autres habitats aquatiques. Comme c'est le cas pour tous les écosystèmes, il suffit qu'un seul de leurs éléments change légèrement pour qu'ils se détériorent ou que leur équilibre soit brisé.

Des écosystèmes diversifiés

Les scientifiques mesurent la santé globale des écosystèmes notamment en fonction de leur diversité biologique, c'est-à-dire du nombre et de la variété des plantes et des animaux qui y vivent. Les écosystèmes les plus diversifiés sont ceux qui sont bien éclairés par le soleil et qui recèlent de nombreuses sources de nourriture. Ce sont donc les écosystèmes tropicaux, situés près de l'**équateur**, qui présentent la plus grande diversité biologique. Beaucoup de raies, de même que toute une variété de plantes et d'animaux, vivent dans les écosystèmes tropicaux.

Chaînes et réseaux alimentaires

Les plantes et les animaux d'un écosystème doivent se nourrir pour trouver l'énergie nécessaire à leur survie. Les plantes peuvent fabriquer leur propre nourriture, mais les animaux doivent manger des plantes et d'autres animaux pour rester en vie. La série d'organismes vivants dans laquelle chaque organisme sert de nourriture au suivant forme ce qu'on appelle une « chaîne alimentaire ». L'énergie y circule d'un être vivant à l'autre. Quand un animal d'une chaîne alimentaire mange un élément d'une autre chaîne, les deux chaînes deviennent reliées. Plusieurs chaînes ainsi reliées forment ce qu'on appelle un réseau alimentaire.

Un sain équilibre

On appelle « prédateur apical » l'animal qui se situe au sommet de la chaîne alimentaire. Il y a différents prédateurs apicaux qui mangent des raies, par exemple des requins et des baleines. En chassant, ces prédateurs assurent la stabilité et l'équilibre des réseaux alimentaires et des écosystèmes. Par exemple, si une **population** de pastenagues grossissait trop, les requins-marteaux en chasseraient davantage, ce qui ramènerait le nombre de ces raies à la normale. Si les requins ne contrôlaient pas les populations de pastenagues de cette façon, celles-ci seraient plus nombreuses. Mais, comme il n'y aurait pas plus de nourriture disponible pour elles, elles n'auraient pas toutes assez à manger. Quand la vie des raies est menacée, leurs prédateurs, leurs proies et même l'écosystème dont elles font partie sont en danger eux aussi.

Les prédateurs apicaux comme ce requin-marteau jouent un rôle important dans les chaînes et les réseaux alimentaires.

Un réseau alimentaire

Les raies sont des éléments importants des chaînes et des réseaux alimentaires de leurs habitats. On voit ici un réseau alimentaire qui comprend des raies. Les flèches y pointent vers les organismes vivants qui reçoivent de l'énergie des autres éléments. Le dessin indique par exemple que les crabes bleus reçoivent de l'énergie en mangeant des vers marins, et les pastenagues américaines, en mangeant des crabes bleus. La diversité des éléments de ce réseau montre que celui-ci est en bonne santé. En suivant les flèches, tu verras comment différentes chaînes alimentaires se réunissent pour former un réseau alimentaire.

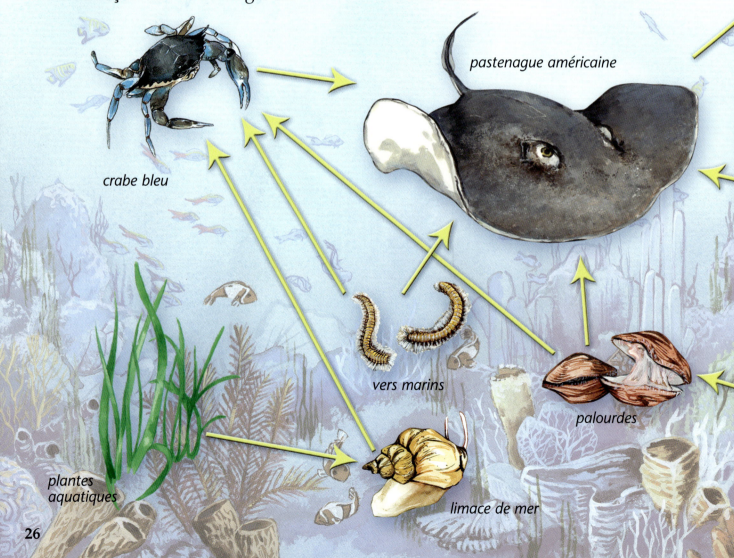

crabe bleu

pastenague américaine

vers marins

palourdes

plantes aquatiques

limace de mer

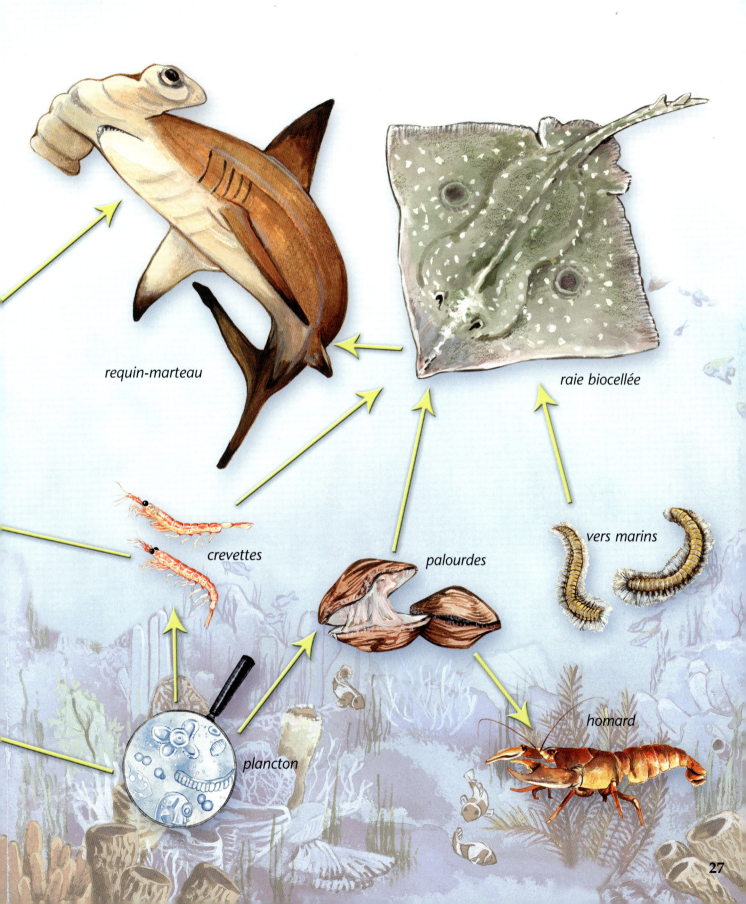

Des poissons en danger

La plupart des habitats sous-marins sont menacés. Les plus graves dangers, pour ces habitats et les animaux qui y vivent, résultent de l'activité humaine, et en particulier de la pêche. Les grosses raies sont très prisées des pêcheurs, qui les vendent pour leur chair. À certains endroits, ces raies sont victimes de la surpêche, c'est-à-dire que les pêcheurs en capturent un trop grand nombre dans un même secteur. Il arrive aussi que les pêcheurs ramassent des raies par accident dans les immenses filets tendus pour attraper d'autres sortes d'animaux. On dit alors que ce sont des « prises accessoires ». Certains pêcheurs se servent de ces raies comme appâts pour pêcher d'autres poissons. Beaucoup jettent tout simplement aux poubelles celles dont ils ne veulent pas.

Les raies se font souvent prendre dans les immenses filets tendus pour pêcher d'autres sortes de poissons.

Des habitats pollués

Les dommages causés à l'environnement par la pollution font aussi du tort aux raies. Les eaux dans lesquelles vivent ces poissons sont polluées par différents produits chimiques et par les déchets provenant des usines, des villes et des villages. Les habitats des raies sont parfois tellement détériorés qu'aucune créature vivante ne peut y survivre.

Une reproduction lente

Les raies prennent généralement plusieurs années avant de devenir adultes et d'être en mesure de se reproduire. De plus, quand elles finissent par pouvoir faire des bébés, elles en ont moins que la plupart des autres poissons. Les populations de raies s'accroissent donc lentement. Si les activités humaines sont trop dommageables pour elles, les raies pourraient un jour ne plus faire assez de bébés pour remplacer les individus qui meurent.

Les substances polluantes, comme les produits chimiques qu'on voit ici, se déversent dans les ruisseaux et les rivières, et finissent par se retrouver dans l'océan.

Des espèces menacées

Les raies de certaines espèces, par exemple celles qu'on appelle en latin *Atlantoraja castelnaui* et *Urogymnus ukpam*, sont menacées. Les scientifiques croient qu'il reste des espèces de raies qui n'ont pas encore été découvertes, mais qui pourraient disparaître avant même de pouvoir être répertoriées et étudiées. Pour en savoir plus long sur les raies et les autres animaux menacés, tu peux te rendre au www.redlist.org; tu y trouveras (mais en anglais seulement) la liste rouge des espèces menacées établie par l'Union internationale pour la conservation de la nature (UICN).

Atlantoraja castelnaui

Les raies et toi

Contrairement au plongeur qu'on voit ici, on ne doit jamais toucher aux raies. Cela peut être dangereux non seulement pour les raies, mais aussi pour les humains.

Il y a très longtemps, quand les marins attrapaient des raies, ils les faisaient sécher et tordaient ensuite leur corps dans des positions étranges. En voyant ces créatures terrifiantes, les gens croyaient qu'ils avaient capturé des monstres marins! Nous savons aujourd'hui que ces poissons ne sont pas dangereux. Ils n'attaquent pas les humains, à moins d'être obligés de se défendre.

En captivité

À cause de la grande diversité des habitats sous-marins dans lesquels vivent les raies, les scientifiques peuvent difficilement les étudier dans la nature. Ils en capturent donc quelques-unes pour les placer dans des aquariums, où ils peuvent les observer de plus près. Les aquariums ne représentent toutefois pas un milieu idéal pour ces animaux. Si tu visites un jour un aquarium où il y a des raies, n'oublie pas que leurs bassins sont bien différents des endroits où elles vivaient dans la nature.

Pour en savoir plus

Il y a des centaines d'espèces de raies, qui ont chacune un habitat, des sources alimentaires, des prédateurs et des comportements qui lui sont propres. Si tu veux en apprendre davantage sur ces animaux, va voir sur http://www.thecanadianencyclopedia.com/index.cfm?PgNm=TCE&Params=F1ARTF0006693. Tu peux aussi te rendre à la bibliothèque pour trouver d'autres livres sur les raies et les autres poissons.

Glossaire

accoupler (s') S'unir à un autre animal de la même espèce pour faire des bébés

crustacé Animal marin, comme les crabes et les homards, qui a une carapace dure, mais pas de colonne vertébrale

équateur Ligne imaginaire qui entoure le centre de la Terre

forêt pluviale Forêt des régions chaudes où il tombe plus de 200 centimètres de pluie par année

jaune Partie de l'œuf dont se nourrit le bébé en développement

mollusque Animal dont le corps mou est souvent protégé par une coquille dure

microscopique Se dit d'un objet tellement petit qu'on peut le voir uniquement au microscope

nageoire pectorale Chacune des nageoires situées d'un côté et de l'autre du poisson

nageoire pelvienne Chacune des nageoires situées près de la queue d'une raie

organe Partie du corps, comme le cœur, qui remplit une fonction importante

ovipare Se dit d'une espèce dont la femelle pond des œufs, c'est-à-dire qu'elle les dépose à l'extérieur de son corps

ovovivipare Se dit d'une espèce dont les œufs éclosent à l'intérieur du corps de la femelle

oxygène Gaz qu'on trouve dans l'air et dans l'eau, et que les animaux doivent respirer pour vivre

polaire Se dit des terres ou des étendues d'eau situées près du pôle Nord ou du pôle Sud

population Nombre total d'animaux d'une même espèce dans un endroit donné

pupille Partie noire, au centre de l'œil, par où passe la lumière

récif corallien Grande structure sous-marine créée par une accumulation de coraux

tissus Groupe de cellules qui remplissent une fonction spécialisée dans une plante ou un animal

Index

accoupler (s') 9, 18
banc 9
bébé 18, 19, 29
branchie 4, 10, 11, 21
camoufler 17, 22
capsule 18, 19
carnivore 20
cartilage 5
chasser 15, 20, 22, 25
corps 4, 10, 11, 14, 16, 19
dangers 28-29
dent 11, 21
éclore 18
écosystème 24, 25
espèce 6, 8, 18, 19, 22, 29, 31
fond (de) 8, 9, 11, 17, 22
habitat 8, 20, 22, 24, 26, 28, 29, 30, 31
jaune 18
mouvement 14, 22
nageoire 10, 11, 12, 13
nager 8, 12, 13, 17, 21, 22, 23
nourriture 9, 21, 22, 23, 24, 25
œuf 18, 19
prédateur 15, 16, 17, 19, 25, 31
proie 15, 21, 22, 23, 25
queue 10, 11, 15, 16, 19
réseau alimentaire 25, 26
respirer 4, 11
sens 14
spiracle 11
yeux 10, 11, 14